Mais le sens n'en reste pas moins celui de la phrase com-
plète יהוה אלהי אלהים « Jahve, dieu des dieux ». Rien ne s'op-
pose en effet à ce qu'on traduise en ces termes la locution
יהוה אלהים aux chap. II et III de la Genèse où elle revient
presque à chaque verset. Citons entre autres exemples :
ביום עשות יהוה אלהים ארץ ושמים « au jour où Jahve, [dieu] des
dieux, créa la terre et les cieux », *Gen.*, II, 4; כי לא המטיר
יהוה אלהים על-הארץ « car Jahve, [dieu] des dieux n'avait pas
fait pleuvoir sur la terre », *Gen.*, II, 5; וייצר יהוה אלהים את-האדם
« et Jahve, [dieu] des dieux, forma l'homme », *Gen.*, II, 7;
אשר עשה יהוה אלהים « ...qu'avait faits Jahve, [dieu] des
dieux », *Gen.*, III, 1; וישמעו את-קול יהוה אלהים .... ויתחבא
האדם ואשתו מפני יהוה אלהים « et ils entendirent la voix de Jahve,
[dieu] des dieux ;... alors l'homme et sa femme se cachèrent
hors de la face de Jahve, [dieu] des dieux », *Gen.*, III, 8. Les
autres passages n'offrent pas plus de difficulté[1]. Seul le
verset *Jérém.*, X, 10 ויהוה אלהים אמת הוא-אלהים חיים semble
faire exception, si le sens en est : « Jahve est un dieu de
vérité, il est un dieu vivifiant »; mais on peut le traduire
avec plus de rigueur de la façon suivante : « Jahve, [dieu]
des dieux, lui, en vérité, est un dieu vivifiant ».

Ainsi, dans tous les passages où elle se présente, l'expression יהוה אלהים est quelque chose de plus qu'une simple ap-
position; les deux termes qui la constituent sont entre eux
dans le rapport de déterminé à déterminant, et l'expression
totale apparaît comme une formule cursive pour désigner,
dans son omnipotence et sa souveraineté, Jahve, « le dieu
des Hébreux » אלהי העברים, « le dieu d'Israël » אלהי ישראל.

A. Guérinot.

---

1. Ces autres passages sont : *Ex.*, IX, 30; *II Sam.*, VII, 22; *I Chr.*,
XVII, 16; *II Chr.*, XXVI, 18; *Ps.*, LXXII, 18; LXXXIV, 12; *Jon.*, IV, 6.

LA LITTURGIE MYTHIQUE DES INDO-EUROPÉENS

comparée à celle de l'Égypte ancienne

Depuis longtemps déjà les ressemblances nombreuses et frappantes qui existent entre la mythologie
liturgique indo-européenne et celle de l'Égypte avaient
été remarquées par les indianistes et les égyptologues.
Il suffisait en effet aux uns et aux autres d'envisager
ici et là les rites du sacrifice et les légendes des divinités lumineuses dans leur contraste avec celles des
esprits des ténèbres, pour se convaincre de rapports
qu'il est difficile de considérer comme purement for-
tuits. Par malheur, et du moins en ce qui concerne
l'Égypte, les travaux de coordinations de matériaux
propres à l'étude de la question semblaient faire
défaut : chose sûre, les principales données utiles res-
taient dispersées ou inaccessibles à tous autres qu'aux
égyptologues de profession. En particulier, l'idée du
sacrifice égyptien ne paraissait pas dégagée des circonstances complexes qui l'obscurcissaient pour les
profanes. Ce sacrifice correspondait-il, et dans quelle
mesure, à l'*Agnihotra* des Brâhmanes ? Telle était
la première question à résoudre dans cette étude

si intéressante de liturgie comparative. Mais le classement des documents, sinon les documents eux-mêmes, manquait jusqu'ici, et c'est avec une impatience justifiée qu'on attendait l'heure de pouvoir apprendre, soit l'absence irrémédiable de renseignements plus clairs et plus complets que ceux dont on était en possession, soit la publication mise en ordre et explicative de textes répondant aux desiderata du sujet. Hâtons-nous donc de rendre grâce à M. Moret dont la belle étude sur le *Rituel en Égypte*[1], vient de combler les vœux de tous ceux qui s'intéressent à la comparaison dont il s'agit. Désormais l'essentiel semble acquis : non seulement l'auteur nous met en possession de textes qui permettent enfin de définir le sacrifice égyptien, mais il entoure ces textes de commentaires et de rapprochements qui, tout en restant discutables, fournissent précisément le moyen de les discuter et d'en tirer tout ce qu'ils contiennent d'utile au but que vise l'histoire parallèle des rites primitifs des cultes de la haute antiquité.

Muni d'un auxiliaire si précieux, je voudrais signaler dans les rapprochements cursifs qui vont suivre les principales ressemblances qu'accusent à première

1. Le titre complet de cet ouvrage est *Le Rituel du culte divin journalier en Égypte, d'après les papyrus de Berlin et les textes du temple de Séti Ier à Abydos*, par A. Moret, chargé de conférences d'égyptologie à l'École pratique des Hautes-Études. Dans la collection des *Annales du Musée Guimet*, Bibliothèque d'études, t. XIV, 1902.

vue, avec les détails de la liturgie aryenne, les éléments égyptiens d'information fournis par l'ouvrage
de M. Moret.

ANALOGIES GÉNÉRALES. — 1. Les formules sacrées
récitées au sacrifice égyptien correspondent aux
hymnes védiques, en ce qu'elles sont faites de part et
d'autre pour l'acte sacré; qu'elles en contiennent la
description et l'apologie; qu'elles sont essentiellement
liturgiques (comme Bergaigne l'a si bien fait voir à
propos du *Rig-Véda*); qu'elles sont désintéressées au
moins au point de vue temporel[1]; qu'enfin la mythologie n'y apparaît que sous une forme tout à fait rudi-
mentaire.

2. Une des concordances liturgiques les plus
remarquables entre l'Inde aryenne et l'Égypte pha-
raonique consiste dans l'application chez celle-ci du
rituel divin au culte des morts (tout l'ouvrage de
M. M. est là pour le montrer), auprès d'un emploi
analogue au même culte de certains hymnes védiques
rédigés jadis pour l'*Agnihotra*.

ANALOGIES D'UN CARACTÈRE PLUS PARTICULIER.
(Moret, p. 9 et 10). La cérémonie du sacrifice divin
journalier consiste tout d'abord à « allumer un feu ».
— Il en est de même du sacrifice védique continué
dans la période brâhmanique.

* *

1. Les formules des hymnes védiques qu'on a prises pour des
prières ne sont pas des prières.

Ce sacrifice est une œuvre de purification, c'est-à-dire d'éclairage ou de manifestation lumineuse, — la purification est l'allumage et l'éclairage même. Le dieu-feu, et le prêtre qui le représente (M, p. 17 et 21), est purifié par le fait même qu'il est allumé. Ce point très important ressort nettement du passage suivant (M, p. 16 et 17) : « L'encensoir (c'est-à-dire au sens propre « celui qui fait l'offrande au dieu ») est l'*instrument de la purification*. » — Cf. les sacrifices védiques et avestiques et le feu sacré des Vestales, où l'allumage n'a d'autre but déclaré que l'allumage même.

※ ※

(M, p. 16) : « L'encensoir (celui qui fait l'offrande aux dieux), comme tous les objets qui servent au culte, a une personnalité, il est lui-même un dieu. »

On peut en conclure, qu'à plus forte raison, le feu, ou le principal élément du sacrifice, a été déifié (c'est-à-dire purifié, animé, vivifié, manifesté) dans les mêmes conditions. — Les éléments du culte védique, particulièrement le feu-Agni et l'oblation-Soma, ont été divinisés au même titre.

※ ※

(M, p. 12) : « Le feu est un dieu », — comme l'Agni védique est un dieu ».

※ ※

(M, p. 12, 13) : « Le rite d'allumer du feu au début des cérémonies pour mettre en fuite Sit-Typhon a son

origine dans le culte osirien. Le mauvais esprit que
le feu, écarte ou fait prisonnier, est le meurtrier
d'Osiris, Sit. »

Sit-Typhon personnifie l'obscurité-obstacle qui est
censée empêcher le feu-Osiris de briller. Par le fait
même de briller, Osiris qui était mort auparavant, le
détruit. La purification résulte des deux circonstances
connexes de l'allumage du dieu et de l'anéantisse-
ment des êtres démoniaques qui s'opposaient à la
manifestation du dieu. — C'est le parallèle exact
et évident des mythes des Arâtis et des Raksas
des hymnes védiques, qu'Agni chasse ou anéantit en
s'allumant.

* *
*

(M, p. 20). Le feu était entretenu au moyen d'une
offrande de résine, — donc l'offrande avait pour objet
primitif l'entretien de ce feu. — Cf. les libations du
sacrifice indo-européen qui ont le même but et seulement ce but.

* *
*

La purification s'effectue aussi symboliquement par
la cérémonie qui consiste (M, p. 18) « à verser l'eau
de la purification sur la tête du mort ; souvent, au lieu
du liquide, ce sont les signes de la vie, de la force et

1. Ce n'est que plus tard et eu égard aux momies que la résine
a pu être considérée comme un aromate et employée en consé-
quence (cf. les textes cités par M, p. 236).
2. Cf. l'*ojas* « force », védique en tant que synonyme de *soma*.

de la stabilité qui, alternés, ruissellent en pluie au-
dessus du défunt et du dieu. »

Qui ne reconnaîtrait dans cette eau et dans ces
« signes de vie » les équivalents du soma ou de l'amrita
védiques, si souvent généralisés à titre de liquides
(inflammables), sous le nom d'eau, de rivières, de
mer, etc ? Les indications suivantes (M, p. 119) ne
laissent aucun doute à cet égard : « Dans les temples,
la présentation des offrandes au dieu s'accompagne
presque toujours d'*une fumigation* (allumage) *de
résine ou d'encens et d'une libation faite par le roi-
prêtre.* »

**

La mention des deux cruches de lait de Toum « qui
sont la sauvegarde magique des membres de l'offi-
ciant » (substitut du dieu) (M, p. 21, cf. 24), vise un
symbole analogue et auquel il convient de comparer
les vaches et les chèvres nourricières des dieux de la
mythologie grecque, et surtout les vaches laitières
allaitant le veau-Agni des hymnes védiques [1].

**

La formule (M, 21) : « Ames divines d'Héliopolis,
vous êtes sauves, si je suis sauf (moi le dieu-roi-
prêtre) », a pour pendant les textes védiques où les
mritas (morts) sont représentés comme devenant *am-
ritas* (non morts = immortels) en étant allumés et par
là vivifiés et animés. — De part et d'autre, ces formules

---

1. En ce qui concerne l'Égypte, cf. la vache Hâthor.

ont servi de base à la doctrine de la transmigration ou
de la survie et aux rites qui s'y rapportent (cf. M.
p. 29, n. 1).

C'est ici que doit se rattacher l'observation de
M, p. 33 : « Le corps... n'était point apte à une nou-
velle vie tant que l'âme n'y était pas rappelée ». —
Entendons, tant que la purification revivifiante ne
s'effectuait pas sur le modèle de la résurrection lumineuse d'Osiris, ni de la manifestation brillante de l'œil
d'Horus. — L'âme n'est autre que le symbole de
cette renaissance.

**

(M, p. 44, 45) : « Tout mort doit passer par le
« lieu de la peau » avant d'arriver à l'autre monde. »
— La peau est, comme le sceau et le verrou dont il
est question au même chapitre, un symbole de l'obs-
tacle qu'il convient de détourner ou de franchir pour
passer de l'aphanie de la mort à l'épiphanie de la résurrection. — Cf. les nombreux passages védiques
où la mention d'une peau d'animal s'interprète d'une
manière analogue. On peut d'ailleurs admettre, sans
rien changer au fond des choses, l'explication de M,
(p. 44) qui voit dans cette peau celle d'un animal ty-
phonien.

**

(M, p. 22). « Tout roi recevait « dès l'œuf » la divinité, étant procréé par Amon lui-même dans le sein
de sa mère ». — Cf. l'Agni *aja* « non (encore) né » et

l'Agni *apām napāt* « fils des eaux (de la libation) » où il séjourne avant sa manifestation lumineuse (*Rig-Véda, passim*). — Cf. aussi, en ce qui regarde l'Égypte, le mythe de l'œil d'Horus tombé dans le Nil (M. p. 33) et celui des viscères d'Osiris repêchés dans l'eau primordiale (M. p. 38). — Cf. enfin le mythe grec du coffret de Persée.

***

Pour l'identification du prêtre au dieu (M. p. 28) par le moyen de la purification, cf. l'identification analogue des sacrificateur védiques avec les divinités du sacrifice et surtout avec Agni.

***

(M, 70 et 71). — « Chapitre du parfum de fête sous forme de miel. — Paroles à dire : « Ah ! Amon-Râ... je te lance le miel, l'œil d'Horus doux, secrétion de l'œil de Râ, le maître des offrandes et des provisions. Amon... s'inonde de lui, car il est doux à ton cœur ». — Le parfum de fête est une de ces huiles ou fards qui servent à oindre les statues des dieux et des morts (M, p. 72).

Il ressort du texte, que ce miel est une offrande et qu'Amon ou le feu-soleil en est inondé, c'est-à-dire, au moins à l'origine, qu'il en est alimenté ou nourri. C'était en quelque sorte l'huile de la lampe sacrée (servant aussi plus tard, par extension liturgique, à l'embaumement des morts). Voir aussi le texte (M, p. 77, note) : « O cette huile d'Horus... Horus s'en emplit. »

— Cf. le *madhu-soma*, ou l'oblation liquide comparée à du miel, du sacrifice védique (surtout au 9ᵉ *mandala* du *Rig-Véda*).

**

(M, p. 74). — « Osiris était le premier être dont le corps eût été mis en morceaux et reconstitué. » — Ce mythe, qui est un symbole de la résurrection du feu dispersé ou anéanti avant de renaître, a son analogue exact dans la légende grecque de la « passion » de Zagreus-Bacchus. Le dieu est mort et en lambeaux avant de reconstituer son corps et de revivre intégralement sous la forme du feu de l'autel.

**

(M, p. 49 et 50). Rite de « l'apparition du dieu à la lumière... les portes du naos sont ouvertes ; la lumière extérieure et le feu sacré éclairent la statue du dieu... On ouvre les deux battants des portes, la lumière révèle la face du dieu ». — Je m'autorise tout d'abord de l'explication de M. : « On voit que la révélation de la face du dieu suit l'apport de son œil », pour conclure que cet œil étant le feu sacré, la statue du dieu révélée n'est autre que le feu lui-même personnifié sous forme humaine, — elle apparaît, elle se révèle à la suite de l'allumage, — en d'autres termes, le feu et la statue représentant une seule et même chose, l'une est le symbole de l'autre. — L'ouverture des portes est un autre symbole des conditions de l'expansion divine : le feu était caché, il faut en-

lever ce qui le cache pour qu'il se manifeste[1]. — La
double figure du dieu-feu a son analogue dans la mythologie brahamanique, où Agni reste en quelque sorte
amorphe auprès de ses représentations anthropomor-
phiques sous les traits d'Indra, de Vishnou, de Çiva,
etc.

**

(M, p. 78-79). « Chapitre de l'encensement. — Paroles à dire : les résines viennent, le parfum divin
vient, leur parfum (fumée) vient vers toi, Amon-Râ. —
Même explication que ci-dessus pour les offrandes de
miel. La résine a été employée primitivement comme ali-
ment du feu sacré. La formule qui accompagne le
rite est restée très significative : le feu et la fumée de
la résine « viennent » au feu désigné sous le nom
d'Amon-Râ. — Les suscriptions des hymnes orphiques,
qui consistent dans le nom des différents aromates,
sont vraisemblablement un souvenir de formules et de
pratiques semblables dans le sacrifice indo-européen.

**

(M, p. 97) : « Le roi-prêtre entre au ciel, parce que
le naos est identifié au ciel. » — Il convient d'ajouter
que cette identification repose sur le fait que le naos
est originairement l'autel du dieu-feu et qu'il a été
par suite assimilé soit au ciel lumineux, soit au so-

1 Cf. la formule (M, p. 92) : « O dieu donnez qu'Ounaz, ouvre
les deux battants de la porte du ciel et conduise Râ (le feu-
soleil) à travers l'horizon ».

leil. — Cf. dans la mythologie indo-européenne, Indra et Zeus régnants dans le ciel.

*
* *

(M, p. 101) : « Pour ranimer le cadavre du dieu, le roi-prêtre l'embrasse, lui transmet le fluide de vie, le rappelle à la vie divine. » — Ce fluide de vie n'est autre que l'offrande vivifiante, désignée si souvent sous les noms de *ayus* « vigueur » et *ojas* « force » dans les textes védiques. Cf. aussi, dans ces mêmes textes, la mention des embrassements de la libation et du feu sacré.

*
* *

(M, p. 117.) « Paroles à dire : « La résine vient, le parfum du dieu vient, ce que respire le dieu vient, les grains de résine viennent, la secrétion du dieu vient. » — A cette série de différents noms de l'offrande (au feu), cf. les nombreuses métaphores synonymiques appliquées à la libation (soma) dans des hymnes védiques.

*
* *

(M, p. 119). — « La résine vient de l'œil d'Horus. » Disons plutôt qu'elle l'accompagne, — l'œil d'Horus ne peut se manifester qu'avec elle. — Cf. l'expression védique *duhitar divas* « la fille du ciel-(feu) (métaphoriquement l'aurore) » : elle ne peut se manifester sans que le ciel-feu (le tout à l'égard de la partie) ne se manifeste lui-même et, à ce point de vue, elle peut être considérée comme sa fille. Cf. (M, p. 144) : « Tu existes parce que Mâït existe, et réciproquement Mâït existe[1].

**

(M, p. 119) « Dans les temples, la *présentation des offrandes* au dieu s'accompagne presque toujours d'une libation faite par le roi-prêtre. » — Tous ces rites reviennent à celui très primitif de l'alimentation du feu sacré par des essences résineuses, des huiles, des liquides alcooliques, etc.[2] — Cf. les libations des rites védiques dont il est fait mention dans la plupart des hymnes du Rig.

**

(M, p. 129) : (O Amon-Râ) « image du fils aîné », — cf. l'épithète d'Agni *prathamaja* « le premier né » — « image qui t'es révélée... alors qu'aucun dieu n'existait et qu'on ne connaissait le nom d'aucune chose, — cf. la formule védique *satah asad ajâyata* « l'être est né du non être ».

**

(M, p. 133). « Paroles à dire : « Amon-Râ... unique, qui enfantes les dieux, enfantes les hommes, enfantes les choses... » Cf. l'hymne védique au purusha (*Rig-Véda* X[e]), où le type de l'homme-dieu est représenté comme créateur de toutes choses, c'est-à-dire du macrocosme que le sacrifice est censé développer.

**

1. Cf. aussi la formule (M, p. 165) « donner Mâït a son père», la manifestation de celle-ci explique la manifestation de celui-là.
2. Cf. M, p. 120 : « Ces formules laissent entendre sans ambiguité que le dieu a goûté au repas sacré.»

(M, p. 134, 135): « Cet unique… qui a régi cette
terre quand il est sorti de l'eau. » — Cf. le mythe védique d'Agni *apâm napât* « fils des eaux ».

* *
*

(M, p. 137): « Il ressort de ces hymnes que le dieu,
mis en possession des *offrandes matérielles*, a retrouvé
toute sa puissance divine.» — Cf. surtout, dans Homère,
les festins divins ou les dieux défaillants se restaurent
avec l'ambroisie.

* *
*

(M, p. 142 et 144) « Paroles à dire: Ce que tu manges
est Mâït, ta boisson est Mâït, tes pains sont Mâït, ta
bière est Mạït, les résines que tu respires sont Mâït…
tu existes parce que Mâït existe ». (M, p. 148): « Le
roi-prêtre *fait monter Mâït.* » — Ces textes ne permettent aucun doute sur le sens du mot *mâït*; il dé-
signe évidemment l'offrande que le sacrificateur « fait
monter » dans le dieu-feu en la lui versant sous
forme de libation. — D'après M. (p. 150), *maït*
semble signifier « la réalité, » d'une part, et « la lumière », d'autre part.» — Dans le premier cas, cf. le
sat (« l'être, l'essence, la réalité » = la libation enflammée et par conséquent visible et manifeste) des hymnes
védiques; dans le second sens, mettre en regard les
nombreuses désignations analogues du soma-enflam-
mé (Rig-Véda, *mandala*, IX, *passim*). — L'explication
de M. (p. 152): « Offrir Mâït au dieu, c'est donc lui
donner tout ce qui vit réellement; c'est le mettre en

possession non d'une *Vérité* morale, mais de toute la *Réalité* matérielle que lui-même a créée » — réclame donc un amendement assez important.

**

A propos du texte (M, p. 138) : « Parais comme celui qui réalise la voix [1] » M. Moret fait remarquer que cette expression apparaît au moment où le dieu savoure le repas dans les fumées de l'encens et dans le chant des hymnes ». Si on rapproche de cette observation le texte (M, p. 138) : « Quand Pepi sort au ciel, voici que le ciel rugit pour lui... il a rugi comme Sit », — on n'hésitera guère à assimiler cette voix qui éclate au moment où le feu s'allume sur l'autel ou, métaphoriquement, quand il apparaît au ciel, aux crépitements de l'Agni védique si souvent comparés à des voix ou à des chants. La ressemblance continue si l'on met en regard de « la puissance créatrice » de la voix des dieux égyptiens (M, p. 454), le même privilège attribué à la *vac* védique, c'est-à-dire à la voix, — crépitement. De part et d'autre, cette voix ou parole divine est toute science et toute sagesse, — d'où le développement égyptien du mythe de Thot et parallèlement celui de Sarasvati, d'Apollon et des Muses dans les mythologies de l'Inde et de la Grèce.

**

(M, p. 167 seqq.) « La toilette du dieu » — Tous les textes que M. a rangés sous ce titre trouvent une

1. J'entends « qui la produit, qui l'effectue, qui la rend réelle ».

explication générale dans le passage suivant (M, p. 189, 190) : « La bandelette est assimilée à une divinité, Taït, la déesse « bandelette »; en cette qualité elle a un corps divin, dont elle embrasse le corps du dieu qu'elle enveloppe. Le dieu se confond avec elle et s'unit à lui-même en s'enveloppant de la bandelette... Au tombeau de Rekhmara se trouve une phrase analogue : « Les bandelettes sont sur les deux mains de Taït en sa qualité de régente qui lance le fluide de vie. » — D'où il résulte en toute évidence que Taït est l'oblation (ou fluide de vie) personnifiée. Surtout quand elle était enflammée, elle enveloppait le dieu et formait ainsi sa toilette ou sa parure. — Cf. les nombreux passages védiques où Soma (ou ses substituts métaphoriques) est représenté comme le vêtement d'Agni (ou de ses substituts). Nous retrouvons d'ailleurs, parmi tout ce qui sert à la toilette du dieu, l'eau, l'encens (M, p. 171), les fards et les huiles [1] (M, p. 190), dont nous connaissons déjà l'usage primitif et réel de purifier ou embellir le dieu-feu en lui servant de nourriture ou de combustible.

En ce qui regarde l'usage des résines, le texte suivant (M, p. 236), est éminemment caractéristique et

1. Cf. M, p. 196 : « Ces fards et ces huiles que le dieu mettait devant lui, c'est-à-dire dont il s'oignait la face, rendaient à son corps la vigueur et la durée (cf. l'amrita et l'ambroisie); car ils n'étaient que des sécrétions du dieu Râ (c'est-à-dire sans doute appartenant, servant au dieu-feu soleil). — S'ajoutait aussi aux fards et aux huiles pour le même usage primitif le sman (M, p. 203) et le natron (M, p. 204).

probant : « Beaux à voir…(sont) *la résine enflammée et la libation, quand tu es debout au milieu de la libation pure*… (voici) *la résine sur le feu* en paix (pour) les éveils pacifiques » « adorations récitées par le roi devant la barque divine, en présentant l'encens et l'eau, devant la table d'offrandes servie. »

*
* *

(M, p. 207). Paroles à dire : « … ta bouche est la bouche d'un veau de lait au jour où sa mère l'enfante ». — « Le veau de lait n'est autre ici que le soleil levant, né de la vache Hâthor, auquel le dieu, le mort ou le roi sont identifiés». (M, p. 208), — Cf. particulièrement le veau Agni et la vache-libation dans plusieurs passages védiques.

*
* *

(M, p. 213): « Au début du service sacré le roi-prêtre… se met en état de grâce par des ablutions et des fumigations. » — Cf. l'*abhisheka*, ou le sacre-baptême des rois de l'Inde aryenne.

Quant à la couronne royale, elle est le résultat de la transformation de l'œil l'Horus, c'est-à-dire de la libation enflammée dont elle est le symbole (M, p. 214-215).

*
* *

(M. p. 224): « Tous les êtres divins étaient com-parés au soleil qui naît le matin pour mourir le soir, et qui revient chaque jour après une mort quotidienne ». — Vue très juste étant donné que Râ en Egypte et

5

sûrya (le soleil) dans l'Inde sont *réellement* le feu
sacré et *métaphoriquement seulement* le feu-soleil. La
même observation s'applique aux déesses (et aux
dieux) égyptiennes et védiques *mâs* en tant que figu-
rant l'aurore, la lune, etc.

**

(M, p. 221): « Le but du culte en Égypte fut dès lors
de préserver le dieu de la mort possible en pratiquant
sur lui les rites qui avaient pu ressusciter Osiris et les
hommes défunts. » — Très juste aussi si l'on entend
que le dieu est le dieu-feu destiné à être perpétuel et
qui ne doit jamais s'éteindre, ou qui du moins doit
être rallumé après qu'il est éteint. Osiris n'est autre
que la personification du feu ainsi défini, et la vie des
hommes défunts a été *comparée* (comme la course di-
urne du soleil) à la vie du feu sacré ; d'où l'application des mêmes rites et des mêmes formules à Osiris,
à Râ et au prêtre roi représentant à la fois la divinité
et l'humanité. — Cf. l'application des hymnes védiques à l'office brâhmanique des morts ; la doctrine
de la transmigration et de la survivance des âmes commune aux Indo-Européens et à l'Égypte ; le mythe
grec de Proserpine passant six mois au ciel et six mois
en enfer ; etc., etc.

**

(M, p. 222): « La tradition du dépècement (d'Osiris)
semble correspondre à cette conception, commune à
bien des religions, qui fait du dieu la victime même

du sacrifice que l'on offre à la divinité. *Le sacrifice au dieu constitue le culte*. » — Ce sacrifice ne s'expliquerait pas s'il s'agissait d'autre chose que du sacrifice ou de l'offrande réconfortante, — *Mait*, etc., en Égypte, *Soma*, etc., dans l'Inde, — au dieu-feu qui vit par elle et qui ne saurait vivre sans elle. Le sacrifice du feu ne est, sous sa forme originaire et anté-religieuse, l'entretien du feu domestique dans un but primitivement utilitaire. Les deux liturgies et les deux mythologies, l'indo-européenne et l'égyptienne, s'expliquent par là et ne s'expliquent que par là[1].

Comme tout développement spontané, — l'hypothèse d'un artifice hiératique n'étant pas admis par les circonstances, — celui des mythologies antiques suppose une logique interne dont il s'agit de retrouver les conditions d'origine et l'enchaînement pour reconsti-

1. Cf. aussi M., p. 226 : « La mort d'Osiris, qui a servi de thème aux développements du culte, est une « passion » du dieu qui, par sa mort, ouvre le ciel aux hommes et aux dieux — (mais surtout à lui-même); — on retrouve les équivalents de cette idée dans la plupart des religions (?). En Égypte, comme ailleurs, le culte est « une répétition et une commémoration du sacrifice originel du dieu. » — Les dieux indo-européens sont essentiellement anonymes et ce vaste domaine échappe par là à la théorie proposée par M. Moret; mais son ouvrage n'en fera pas moins époque pour les documents inappréciables qu'il fournit à l'exégèse des mythes de l'ancien monde.

2. Pour la justification logique et philosophique de cette théorie, voir les parties préliminaires de ma traduction du neuvième *mandala* du *Rig-Véda*.

tver et expliquer le système. Or le criterium des re-
cherches s'inspirant de ce programme peut être com-
paré à celui qui vérifierait l'exactitude du réassemblage
des pièces d'un jeu de patience. Là ou l'agencement
s'est effectué comme il convenait, la méthode employée
s'indique comme bonne et véritable. N'est-ce pas le
cas de celle qu'esquissent les remarques qui pré-
cèdent? Elle introduit visiblement un principe d'ordre
dans l'extraordinaire chaos des nébuleuses mythiques
de l'Inde et de l'Égypte, et cela surtout semble de na-
ture à la valider.

Je dois ajouter pour finir qu'il ne saurait être question d'emprunts de l'une à l'autre mythologie, car on
les voit naître d'une manière indépendante sur leur ter-
rain respectif. Seulement, de part et d'autre le but ini-
tial a été le même et cette circonstance suffit pour
rendre compte de l'analogie et du parallélisme du développement ultérieur de chacune d'elles.

Paul REGNAUD.

www.ingramcontent.com/pod-product-compliance
Lightning Source LLC
Chambersburg PA
CBHW060709280326
41933CB00012B/2369